Verwobene Welten

Marion Feldhaus & Jan D. Stechpalm

Verwobene Welten

-

Ein Zusammenspiel von Wort und Bild

Bilder von Marion Feldhaus

Gedichte von Jan D. Stechpalm

BoD-Verlag

Norderstedt

2017

Bibliografische Information der Deutschen Nationalbibliothek:
Die Deutsche Nationalbibliothek verzeichnet diese Publikation in der Deutschen Nationalbibliografie; detaillierte bibliografische Daten sind im Internet über www.dnb.de abrufbar.

Impressum
© 2016 Marion Feldhaus & Jan D. Stechpalm
1. Auflage: Dezember 2016
2. überarbeitete Auflage: Januar 2017

Herstellung und Verlag:
BoD - Books on Demand, Norderstedt

Umschlaggestaltung: Marion Feldhaus & Jan D. Stechpalm
Satz und Layout: Jan D. Stechpalm

ISBN: 978-3-7431-0222-4

Riehen-Allschwil, im Dezember 2016

Geschätzte Leserin, geschätzter Leser

In einer Zeit, in der Eigenheiten, Gegensätze und Abgrenzungen im Alltag und Gesellschaftsleben höher gewertet werden als Gemeinsamkeiten und Gleichklang gehört es zu einem seltenen Erlebnis, wenn ein ähnliches Schwingen der eigenen Werke in anderen Werken erkannt werden kann, weil die Verbundenheit zu etwas Grösserem, durch die Vernunft nicht Fassbaren, durch beide Werke hindurch zu schimmern scheint.

Genau solch ein Erlebnis in der Ausstellung der Gemälde von Marion Feldhaus bildete den Ursprung des Projektes: „Der Gemeinsamkeit Klang", einer gemeinsamen Aufführung und Verknüpfung von Bild, Wort und Gesang am 4. Februar 2017 in der Predigerkirche Basel. Das vorliegende Buch verwebt die Bilder von Marion Feldhaus mit den Versen von Jan D. Stechpalm. Blättern Sie in diesen verwobenen Welten, vielleicht klingt darin der Gesang der Liebeslieder von Schumann, Schubert und Fauré ganz still nach, so wie am Tag der Aufführung?

Wir hoffen, dass Sie sich wiederfinden können in den Zeilen und Bildern (und vielleicht auch Liedern im Hintergrund) und ein bisschen spüren können von dem, was die Menschheit, Natur und Erde verbindet, trotz aller menschlich-rationalen Verblendung und technischen Entfremdung.

Herzlichst

Marion Feldhaus & Jan D. Stechpalm

Verwobene Welten

Wo durch wilde Wüsten Flüsse fliessen,
an denen Wälder und Wiesen spriessen,
die Käfer, Vögel und Säuger ernähren
und Herden und Stämmen Schutz gewähren.

Wo sich Kraft und Atome ziellos finden
und magisch zu Molekülen verbinden,
die zu zarten Stoffen verkleben
und in der Zelle erwachen zum Leben.

Wo hirnlose Zellen Körper bilden,
die sanft vom Wilden zur Liebe ermilden,
die Stämme und Städte und Völker erfasst,
durch die der Riss der Gewalt nicht mehr passt.

Wo nahtlos ein Farbtupfer-Leinwand-Verband,
einen Bogen zu Augen und Seele spannt.
Wo Saiten und Stimmen in gemeinsamen Tönen
rat- und rastlos Raumzeit verschönen.

Dort, wo Viel und Klein richtig verwoben,
erhebt sich am Ende das Feine vom Groben,
und wider Hass, Zerstörung und Verneinen
könnte Frieden über allem keimen. (2016)

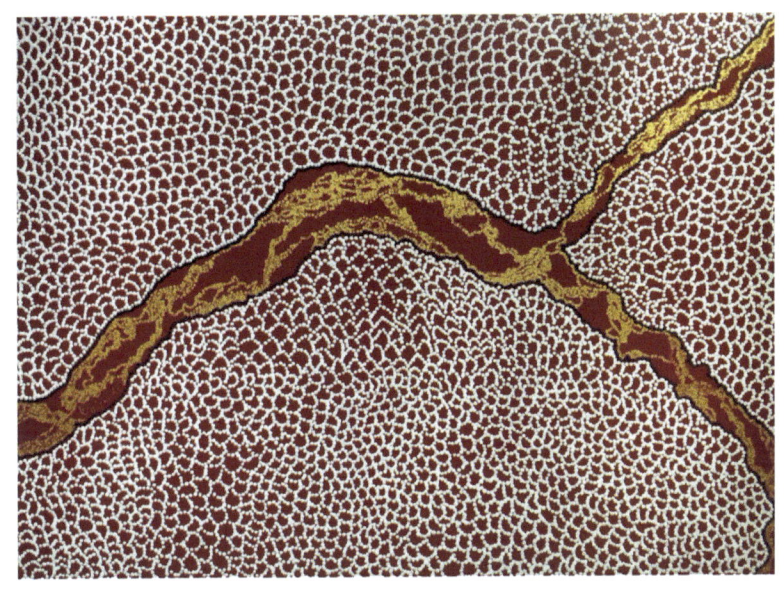

Verwobene Welten

Acryl auf Leinwand, 150 x 100 cm, 2016

Der Gemeinsamkeit Klang

Ein Laut klang einsam durch die Welt,
was manchem vielleicht schon gefällt.
Da traf er einen Konsonanten
und noch andre Varianten.
Als sie gemeinsam so ertönten,
sie gegenseitig sich verschönten
und nicht den ersten oder letzten
sie mehr als alle andren schätzten.
Denn erst durch den gemeinsamen Reigen
durchbrachen sie der Einsamkeit Schweigen,
so dass sie jedes Herz erwärmten,
obwohl noch andre Laute lärmten.
Sicher hat's auch Dich schon erreicht:
Wenn Du nur lauschst, hörst Du's vielleicht. (2006)

Balance durch Bewegung

Acryl auf Leinwand, 2 mal 40 x 100 cm, 2016

Spaziergang

Auf meinem Spaziergang durch Felder und Wiesen
begannen die blauen Blümchen zu spriessen.
Aus jedem lächelte ein anderes Gesicht.
Kaum weiss ich noch, wie sie alle hiessen,
doch sangen sie sanft: "Vergiss mein nicht!" (1996)

In der Wurzel liegt die Kraft

Acryl auf Leinwand, 80 x 100 cm, 2011

Cupido

Cupido, du frecher Troll,
schiess doch nicht so auf die Schnelle!
Lass den Köcher lieber voll
und triff doch gleich die rechte Stelle!

Nicht das Auge, nicht den Magen,
nicht die Nase, nicht den Wanst,
nicht das Ohr, den Kopf, den Kragen
und schon gar nicht erst den Schwanz!

Nein, du solltest länger zielen.
Höre meine schlichte Bitte:
Lass das Mit-den-Pfeilen-Spielen
und triff fortan nur die Mitte.

Denn triffst du immer nur ins Herz,
wird es mehr glückliche Paare geben
und bedeutend weniger Schmerz
gäbe es in diesem Leben. (2014)

Diversity

Acryl auf Leinwand, 80 x 80 cm, 2014

Ja

Zwei Buchstaben – ein Wort
am Hochzeitsort.

Doch auch in niederen Zeiten
soll Euch das Ja-Wort leiten,
denn nicht der erste Schlag
schafft die Skulptur
oder der erste Ton
die Symphonie in Dur,
auch malt der erste Strich
das Gemälde noch nicht
oder spricht das erste Wort
gleich das ganze Gedicht?

Das Ja ist Weiser und Beleg:
Für *zwei* Menschen *ein* Weg. (1999)

Weg zu mir

Acryl auf Leinwand, 100 x 120 cm, 2014

Ein ungleiches Paar

Die Tat, verheiratet mit der Zier,
stand eines Morgens neben ihr,
als diese, unbedacht und eitel,
verschönerte sich Schopf und Scheitel.

Als sie das Spiegelbild erblickte,
die Zier das plötzlich sehr bedrückte.
Die Tat sah dies und sprach: „Was ist?"
Die Zier warf ein: „Schau, was Du bist:

Gespiegelt gleich wie in Natur
bist Du die Tat nur, rein und pur.
Stets bewegst Du klein und gross.
dagegen bin ich bedeutungslos.

Ein Reiz bin ich im Spiegel betrachtet –
selten ge-, doch vielmals ver-achtet."
Da schaute die Tat sie liebevoll an:
„An Welt und Leben wäre nichts dran!

Du wirkst viel mehr", sagte sie mit Lachen:
„ohne Dich würde ich nämlich gar nichts machen!" (2010)

Andalusische Nacht

Acryl auf Leinwand, 50 x 60 cm, 2016

Gedanken an Dich

Ich fass es kaum,
hab ich Dich echt gefunden,
oder bist Du nur der Traum,
in dem ich mich gewunden?

Du liegst schon jeden Morgen
wie Raureif auf dem Feld,
wo Pläne und wo Sorgen
noch schlummern vor der Welt.

Genauso, wenn am Abend
der Schlaf mich schnell ereilt,
dann kommt es, dass sich labend
mein Herz bei Dir verweilt.

So schwebst Du auch den ganzen Tag
wie ein besonderer Duft,
von dem ich mich nicht trennen mag
in meiner Alltagsluft.

Der Pfeil hat tief getroffen,
ich treibe im Delir
und bin nur noch am Hoffen,
dass ich Dich nicht verlier. (1993)

Innerster Schatz 2

Acryl auf Leinwand, 100 x 80 cm, 2016

Das Herz

Es ist ein Öffnen
Ein Schwellen
Ein Hoffen
Ein blendend Erhellen.

Es ist ein Brechen
Ein Bluten
Ein Rächen
Ein Vergessen des Guten.

Es ist ein Stehlen
Ein Buhlen
Ein Hehlen
Ein hässliches Suhlen.

Es ist ein Klopfen
Ein Fliessen
Ein Adern Verstopfen
Ein Brustschmerz Einschiessen.

Es ist ein Lieben
Ein ewiges Geben
Ein Krieg den Trieben
Ein Pflanzen von Leben.

Es sei aus Blut
Und nicht aus Stein.
Statt schlecht sei es gut
Gross sei es statt klein. (2010)

Durchbruch

Acryl auf Leinwand, 80 x 100 cm, 2010

Knigge für den Tod

Dein Freund, das Leben, ist immer willkommen,
doch Du! Zeig Dich nicht, bist Du stets auch dabei,
denn ungern nur wirst Du wahrgenommen.
Oh, gäb' es doch Licht, das vom Schatten frei!

Ist aber ein Treffen nicht zu verhindern,
dann halte den Hund, das Leiden, fern.
So wird es den Schmerz der Begegnung lindern,
denn Dich nur zu kennen, das lernen wir gern.

Und kommst Du, dann bitte zu später Stunde,
wenn ich gesättigt und matt vom Leben.
Doch klopfe zuerst, damit ich der Runde
noch einen würdigen Abschied kann geben.

Und bleib nicht zu lange im Türrahmen stehen,
sonst beisst mich Dein Hund, das lästige Leid.
Gerne will ich dann fort mit Dir gehen,
aber, bitte schön, trage ein freundliches Kleid!

Du dunkler, ungestümer Geselle,
so einsam-gefürchtet, fast Leid tust du mir.
Doch, wie gesagt, sei nicht zu früh zur Stelle:
Zurückhaltung wird Dir zur einzigen Zier. (2004)

Die Kunst des leichten Übergangs

Acryl auf Leinwand, 80 x 80 cm, 2015

Wenn du fort bist

Wenn du fort bist
werden meine Augen
zu Schornsteinen meiner Seele,
wo die Leere Ruhe, Glück
und Gelassenheit in Scheite schlägt
und damit den Alltag heizt.

Wenn du fort bist
wird mein Mund
zum trockenen Flussbett,
dessen Lächeln am Uferrand verwelkt
und dessen Grundsteine in Wind und Wetter
wieder kantig geschnitten werden.

Wenn du fort bist
wird mein Kopf
zum hafenlosen Schiff,
dessen Ladung verwaist und verwest
und dessen Horn im Nebel
ungehört vertönt,

Bis der ausgeworfene Anker
wieder seinen festen Grund spürt. (2009)

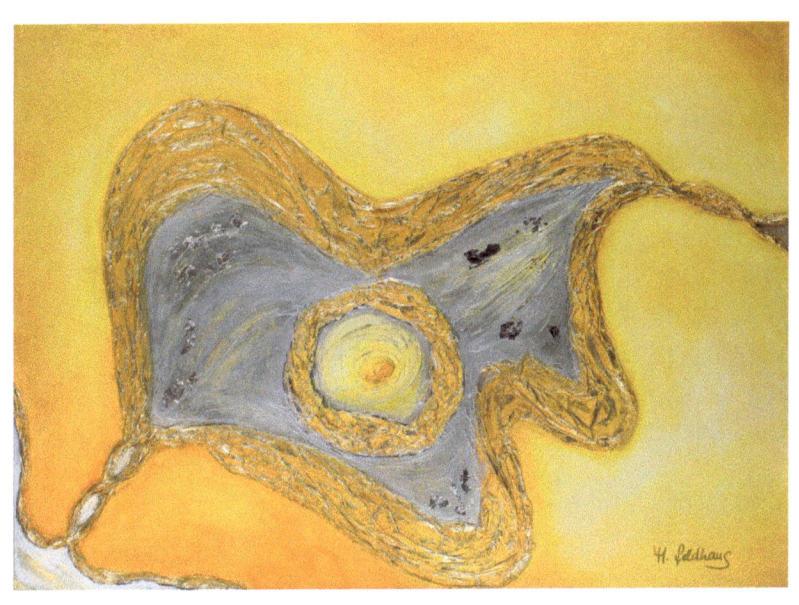

Innerster Schatz

Acryl auf Leinwand, 100 x 140 cm, 2013

Heimfahrt

Ein Pfiff erschallt,
der Wagen ruckt,
die Sehnsucht wallt,
im Herz es zuckt.

Und schon beginnt das Gleis zu rauschen,
weil träge sich Turbinen mühen,
wo Landschaftsbilder fern sich tauschen
und Dickicht nah verwischt in Grün.

Ich wollt', ich zöge an einem Band,
das straff zu Deinem Herzen führt,
dem Seemann gleich das Boot an Land,
der auch die feste Heimat spürt.

Mir scheint, dass nur die Freud' auf Dich
die Bahn schon vorwärts könnte treiben,
dass ich dann bald auf ewiglich
in Deinen Armen könnte bleiben. (1993)

Sehnsucht

Acryl auf Leinwand, 40 x 80 cm, 2015

Fremdes Lächeln

Ein Lächeln beim Vorübergehen,
fragend, freundlich, fremd und frisch,
hundert Sonnen darin zu sehen,
doch glitt es weiter wie ein Fisch.

Alle Wünsche, alles Sehnen,
schien darin sich kurz zu spiegeln,
sich erwärmend auszudehnen,
sich dem Innersten entriegeln.

War es eine Täuschung nur,
eigner Ruf an Fels geprallt,
oder war es stille Spur
fremden Verlangens, das mir galt?

Zurück bleibt mir nur diese Frage
und ein kurzer Hauch von Glück,
mehr zu hoffen ich nicht wage,
ein Lächeln warf ich noch zurück. (2008)

Heitere Gelassenheit

Acryl auf Leinwand, 60 x 90 cm, 2016

Verliebt

Der Blitz ist eingeschlagen
und brennt mit Wohlbehagen.
Er hat das Herz so zart durchzuckt,
dass dort ein Riesenjauchzer juckt.
Es bebt und pocht und rüttelt
von Liebe durchgeschüttelt.
Es sucht herauszuspringen,
um jubelnd Dir zu singen
und endlich mit dem Deinen
sich wieder zu vereinen. (1993)

Lichtblick 2

Acryl auf Leinwand, 80 x 80 cm, 2015

Das Versprechen

Ein Versprechen für ein Leben
einmal leichtfertig abgegeben,
stimmte vorne und hinten nicht ganz
und biss sich daher in den Schwanz.

So schlang es töricht in sich hinein
von seinem „n" das rechte Bein
und übrig blieb – bedeutend schwächer:
statt eines Versprechens nur ein Versprecher. (2009)

Wüstenfisch

Acryl auf Leinwand, 80 x 80 cm, 2013

Glückes Zweifel

Nichts fährt dem Menschen stärker ein,
als allzu langes Glücklichsein.
Ist er gesund und wohl genährt,
wird anerkannt und hoch verehrt,
kann sportlich sich und geistig pflegen,
darf sogar eigene Träume hegen,
hat ein eigenes Dach überm Kopf,
gefüllt sind Kühlschrank, Glas und Topf,
dann zwickt ihn irgendwann der Zweifel,
gesät mit Tücke durch den Teufel:
Mein Haus, das neidet mir der Nachbar,
mein Topprojekt scheint doch nicht machbar,
die Kleider sitzen etwas schlecht,
die Möbel passen auch nicht recht,
die Ehe scheint etwas zu fad,
er ahnt auch, dass ein Unheil naht …
So wird im Kleinen dran gefeilt,
dass unser Glück nicht lange weilt.
Denn nur wer Übles übersteht,
bemerkt, wenn es ihm bestens geht. (2009)

Bruch – Umbruch – Aufbruch

Acryl auf Leinwand, 2 mal 50 x 100 cm, 2014

Amor

Verzweifeltes Verlangen
Willst du mich fangen?
Mich herzvoll heiraten?
Mich schmerzvoll gar braten?
Mit Pfeilen spiessen?
Für geiles Ergiessen?
Mich gnadlos durchbohren?
Dass ich auf ewig verloren?
Hab doch Gnade
Und triff nur die Wade,
Denn, nach dem Geschmuse,
Auf dem anderen Fusse,
Bevor die Hochzeitsglocke schellt -
Gebe ich lieber Fersengeld. (2010)

Lebenslust 1

Acryl auf Leinwand, 60 x 60 cm, 2011

Der Tanz mit der Lust

Die Sehnsucht tanzte mit der Lust
und warf sich ganz an seine Brust.
Er wirbelte sie unverbindlich,
bis ihr davon ganz schaurig schwindlig.
Sie hoffte, ihn nun fest zu binden,
er wollte nur ihr Bestes finden.
So führte er vom Tanzparkett
sie ganz geschmeidig in ein Bett.
Und so – in sehnsuchtsvoller Jugend –
verlor sie mit der Lust die Tugend.
Doch als die Lust von dannen rannte,
die Sehnsucht erst mit Schmerz erkannte,
dass während sie sich glücklich wähnte,
sie sich nur weiter süchtig sehnte. (2002)

Passion

Acryl auf Leinwand, 100 x 80 cm, 2011

Strassen-Café

sie sitzen Tisch an Tisch
ein buntes Menschengemisch
erzählen sich von allen
und wollen sich gefallen.

sie sitzen und trinken
sie lachen und winken
sie lesen und schreiben
wollen nicht einsam bleiben.

sie sitzen und schielen
tun selber sich spielen
sie spüren den Fluss
und wollen keinen Schluss.

sie sitzen und warten
auf die erdenklichsten Arten
bis irgendwann spät
auch der Letzte noch geht. (2014)

Heitere Zusammenkunft

Acryl auf Leinwand, 80 x 80 cm, 2016

Du bist hier

Auch wenn Dich Dunkelheit umgibt,
die irgendwo im Nirgends endet,
wirst Du vom warmen Licht geliebt,
das seine Strahlen zu Dir sendet.

So glänzt Du auf in seinem Schein,
weisst nicht woher, noch wie, warum.
Trotz all der andern ganz allein,
schaust Du dich nur im Dunkeln um.

Vergisst all die Millionen andern,
die sich ums Licht und selbst sich drehen,
die schnell an Dir vorüberwandern,
denn schwindelig nur bleibst Du stehen.

Von all den Kreisen scheint Dir Deiner
ganz unvollkommen, blass und matt.
Erklären kann und will's Dir keiner,
so bist Du's Leuchten langsam satt.

Doch schaust Du auf den weiten Raum,
den hell das Licht durchschwebt im All,
so bist Du nur ein Teil vom Saum,
ein stummer Widerhall vom Schall.

Manch einer hat's zur Mitte näher,
dafür ist es für andere weit,
und dennoch leuchten diese mehr,
und jenem fehlt's an Helligkeit.

Reicht es denn nicht, dass Du erscheinst?
Dies zeigt doch endlich, dass Du *bist*!
Du singst und tanzt, Du lachst und weinst,
Du läufst und schläfst und trinkst und isst.

Lass doch das ewige Vergleichen,
nimm nur das Licht der Liebe auf!
Lass es nicht erst vor Neid erbleichen,
gib ihm von Dir aus neuen Lauf!

Drum sehn Dich nicht nach andren Bahnen,
finde endlich heim zu Dir.
Wann nur beginnst Du zu erahnen:
Dein Platz ist hell und er ist *hier.* (1991)

Ruhepol

Acryl auf Leinwand, 60 x 60 cm, 2016

Tsunami

Du kamst
Überwältigende Welle
Und nahmst
Mir den Boden auf der Stelle.

Du stiessest
Durch gesicherte Mauern
Und liessest
Vor Deiner Wucht erschauern.

Du schütteltest
Mein behütetes Herz
Und rütteltest
An Sehnsucht und Schmerz.

Wann senkt sich
Die Flut nur wieder?
Wann lenkt mich
Mein Boden wieder? (2014)

Nach dem Sturm

Acryl auf Leinwand, 60 x 90 cm, 2016

Hinterm Horizont

Hinterm Horizont und jenseits aller Zeiten
wirst du gold-besonnt auf weissen Wolken reiten.
Jenseits aller Blicke, fern von harten Worten,
fallen alle Stricke, öffnen sich die Pforten.

Sehnend steht das Auge, unweit reicht sein Blick,
wähnend, dass es tauge zu versteh'n Geschick.
Stolzer ragt der Turm und weiter reicht sein Licht,
Welten fern von Sturm jedoch, streift sein Pegel nicht.

Stets dreht sich der Nabel, Worte schimmern fern,
weiter bebt das Babel und spaltet sich am Kern.
Alles ragt ins Nichts und Nichts umrankt das All.
Grenzen allen Lichtes sprengt ein goldener Knall.

Hinterm Horizont und jenseits aller Zeiten
wirst du gold-besonnt auf weissen Nebeln gleiten.
Jenseits der Gedanken, frei von fremden Mächten,
dorthin will ich ranken, mich mit Licht verflechten. (2016)

Hinterm Horizont

Acryl auf Leinwand, 100 x 150 cm, 2016

Feierabend

Wenn Felsstürze Hütten verschütten
Und Wirbelstürme Städte zerrütten
Wenn Gletscher und Polkappen schmelzen
Und sich Fluten über die Länder wälzen
Wenn Kometen auf die Erde prallen
Oder Menschen sie wie Heuschrecken befallen
Wenn die Wut des Volkes erwacht
Gegen der Geizigen Gier und Macht
Wenn sich die Viren von Schweinen
Und allen Tieren gegen den Mensch vereinen
Wenn alle Quellen langsam versiegen
Und alle Kulturen sich nur noch bekriegen
Wenn ein Wahnsinniger den Himmel verpilzt
Oder die Erde bald mit der Sonne verschmilzt
Wenn das Weltall am Ende kollabiert
Oder meine Hand die Deine nicht spürt
Und Du je mit Deinem Blick
Kein Lächeln mehr mir gibst zurück ...

... na, dann ist Feierabend! (2011)

Sonne unter Wasser

Acryl auf Leinwand, 80 x 100 cm, 2012

Kernphysik des Lebens
(Triptychon)

Drei Kräfte erhalten die Welt.

Glaube
ein feines Garn,
aus nichts gewoben,
im Nirgends verankert
und dennoch fängt es alles auf,
umspannt das ganze All
und hält es zusammen.

Liebe
ein alles erhellendes Licht,
das aus Eis Feuer macht,
aus Asche Häuser baut,
aus Russ Atemluft schafft
und mehr Kraft entstehen lässt,
als es selbst zum Leben braucht.

Hoffnung
eine leise Hintergrundmusik
aus dem Morgen geschickt,
um dem Heute die Schwere zu nehmen,
den Lärm von gestern zu übertönen
und mit sanftem Ruf und ruhigem Takt,
jeden aufzustellen und vorwärts zu führen. (2009)

Morgenröte

Acryl auf Leinwand, ca. 220 x 400 cm, 2014
(Altarbild in der Prediger-Kirche, Basel)

Der Adler

Einsam steigt der stolze Adler.
Schillernd geht sein Fürstenflug.
Durch die Lüfte treibt den Pfad er
mit des Kopfes scharfem Pflug.

Wille spannt mit Macht die Glieder.
Doch aus tausend tollen Träumen
trägt ihn hoch nur sein Gefieder,
treibt ihn auf aus Fels und Bäumen.

Ruhig gleiten seine Schwingen
über Spiegelbild und Schatten.
Nichts kann je zu Fall ihn bringen,
ausser Kräfte ihm ermatten.

Dann stürzt er dem Blitze gleich
aus des Himmels dunklen Weiten
tief hinab ins Erdenreich,
um sich Nahrung zu erstreiten.

Tags kreist er um seine Beute.
Nachts lauscht er der Eule Lied.
Ahnt kaum, was es wohl bedeute,
wenn zum Taubenflug sie riet.

Ahnt von andern Himmeln nichts,
die vom gleichen Licht erhellt.
Untertan seines Gewichts
bleibt er, wenn er aufwärts schnellt.

Fliegt der Sonne stolz entgegen,
will zum Bindeglied gedeih'n.
Und fällt nach vielen, weiten Wegen,
fällt, um endlich frei zu sein. (2016)

Colibri – frei zum Sein

Acryl auf Leinwand, ca. 80 x 60 cm, 2016

Lebensgrund
(oder das Meer der Geister)

Gross ist das Meer der Geister,
aus dem die Geister trinken.
Es woget mächtig hin und her,
wo dunkle Tiefen winken.

Und ständig rauschen in ihm noch
der Menschheit zahllos' Stimmen,
wenn du mit deinem Geiste hoch
willst Wellenkämme erklimmen.

Und jeder lässt sich sanft und kühl
von allen Wassern durchfliessen,
um dann, gereift im Blütenspiel,
sich wieder hinein zu ergiessen.

Es füllt der Menschheit Schlecht und Gut.
Es tropfen Schweiss und Tränen
in dieses Meeres Ebbe und Flut,
in sein urzeitliches Gähnen.

Die starben bilden seinen Grund,
sein Ufer wir, die leben.
So peitschen Wellen Stund' um Stund'
uns Lebensgrund zu geben. (2016)

Neue Perspektiven

Acryl auf Leinwand, 60 x 80 cm, 2015

Abendblick

Schon neigte sich dämmernd der müde Tag,
als eine Wolke dem Himmel auflag.
Und mitten darin, durch ein kleines Loch
erstrahlte auf einmal die Sonne noch.
So zwinkerte aus reiner Ruh
das All der ächzenden Erde zu. (2003)

Ein Hauch Unendlichkeit

Acryl auf Leinwand, 80 x 80 cm, 2014

Ode an den Mond

Wenn eine andere glanzvoll prahlt
Und Dich des Tages überstrahlt
Tust Du dafür in dunklen Zeiten
Die Kraft des Lichtes weiterleiten.

Dir folgen selbst die tiefsten Meere
Im Banne Deiner sanften Schwere.
Durch Dich wird unsere bunte Welt
In kühles Silber nachts gestellt.

Du ziehst bescheiden und ganz leise
Um unsere laute Welt stets Kreise.
Im dunklen Wald bist Du uns Lichtung,
Gibst Du uns Halt und gibst uns Richtung.

Auf Sonnenseiten unseres Lebens
Da sucht man meistens Dich vergebens.
Doch für die Schatten dieser Welt
Bist Du der Trost, bist Du der Held. (2013)

Bade im Mondlicht

Acryl auf Leinwand, 50 x 60 cm, 2016

Himmelstreppe

                    Liebe
               Ethik Überfluss
          Ästhetik   Überdruss
        Freiheit   Neid
      Achtung   Hass
    Sicherheit   Gewalt
  Nahrung   Hunger
Sein   Tod (2009)

Die gebrochene Himmelsleiter

Acryl auf Leinwand, 100 x 150 cm, 2015

Ent-Gegnung

Wem die Gegenwart zum Gegner wird
dem ist jede Gegend zuwider
und jedes Gegenüber übel zu gegen
und jeder Gegenstand steht dagegen.

Wem die Gegenwart zum Freund wird
dem wird jede Gegend zur Mitte
und jedes Gegenüber zum Fürst
und jeder Gegenstand dient nur dafür. (2014)

Ent-Wicklung 1

Acryl auf Leinwand, 60 x 80 cm, 2013

selbstlos

Wer sich selbst sucht
findet nach der Selbstsucht
die Selbstzucht
und wird so vielleicht gross
an seinem Selbst-Los. (2014)

Stille 3

Öl/Acryl auf Leinwand, 60 x 60 cm, 2015

Schnee von gestern

Vor uns ist alles geschmolzen
nach uns wird alles schmelzen
und dazwischen die irre Idee,
er bliebe ewig, der Schnee. (2010)

Ewigkeit

Öl/Acryl auf Leinwand, 100 x 100 cm, 2015

sich verleben

sich verleben

heisst
sich zu vergestern
und sich zu vermorgen
und sich zu verdorten
und sich zu verdrüben

anstatt
sich zu verhieren
und sich zu verjetzten. (2007)

Unsichtbare Mitte

Acryl auf Leinwand, 100 x 100 cm, 2014

Superlative

Der Schnellste übertrifft den Stärksten
der übertrifft den Mutigsten
der übertrifft den Schlausten
der übertrifft den Reichsten
der übertrifft den Frechsten
der übertrifft den Schönsten
der übertrifft den Besten
der übertrifft den Schnellsten

und alle hegen den schlichten Schein,
etwas ganz Besonderes zu sein. (2009)

Alles fliesst

Acryl auf Leinwand, 50 x 100 cm, 2013

Die Erde

Sie,
in ihrem ruhigen Lauf,
gebärt uns, blüht uns, nährt uns
und nimmt uns geduldig wieder auf.

Wir,
in unserem eiligen Lauf,
anstatt sie zu pflegen und zu giessen,
treten sie täglich mit den Füssen. (2010)

Tanzende Eichen

Acryl auf Leinwand, 80 x 100 cm. 2012

Die Geburt des Krieges

Gier, Vergnügen und Gleichgültigkeit
spreizten ihre Schenkel breit.
Vergessen war die Geschichte.
Vermessen waren Recht und Gerichte.
Das Eigentum lag konzentriert,
der Freikonsum war ausquartiert.
Wenige besassen das Meiste,
der Rest sich nur mit Mühe speiste.
Ressourcen waren abgeschöpft.
Der Nachschub wurde gleich geköpft.
So führte der Einen Überfluss
zu der Anderen Zusammenschluss.
Denn Hass befruchtete die Not
und die gebar bald Raub und Tod.
Dann eilte Hass zur geilen Gier
und zeugte Rage und Rache mit ihr.
Die vier kamen sich nahe, da verwandt,
und paarten sich wild, bis Krieg entstand.
Zur Welt kam er an vielen Stellen,
wo Hass ihn empfing in Wonnewellen.
Doch allein die Not den Krieg überlebte
und diesmal nach besseren Partnern strebte.
Die Liebe kam und gab ihr Nahrung
und Frieden entstand aus dieser Paarung. (2009)

Inkagold

Acryl auf Leinwand, 100 x 150 cm, 2013

Was wenn?

Was wenn

wir nicht mehr drängelten
und gängelten und quengelten
wir nicht mehr schändeten
und verschwendeten, sondern spendeten
wir Hilfe böten, retteten aus Nöten
wir Leben löteten?

wären wir so gut
bräuchte es keinen Mut
wir müssten uns nicht ändern
mit samt unseren Städten und Ländern.

wir könnten uns nicht verbessern
unser Blut würde verwässern
unser Blut, nicht mehr salzig, sauer und bitter
sondern reiner, Liter um Liter.

und unser Leben, ohne Streben und Ziel
wäre dann doch nur ein langweiliges Spiel. (2010)

Eine Frage der Identität

Acryl auf Leinwand, 100 x 150 cm, 2013

Glückseligkeit

Er schritt eilig durch die Strassen
vorbei an anderen rasenden Massen,
die, noch kauend an den Sorgen
über Gestern und ums Morgen,
die, wie leblose Gespenster,
nicht schauten in die offenen Fenster.
Dort lag nun, zum Verkauf bereit,
ein Exemplar der Glückseligkeit.
Doch wurde im Vorübergehen
sie von den Anderen übersehen.
Ein wacher Blick ganz unverwandt
und er ging hinein und kaufte den Band.
Wer stets nur weiter zum Morgen hetzt,
verpasst das Geschäft vom Hier und Jetzt. (2008)

Detail aus: Das Grosse im Kleinen

Acryl auf Leinwand, 100 x 160, 2015

Regenbogen

Nur im Verein
von Unwetter und Sonnenschein
entsteht uns eine Himmelsbrücke,
im Farbenspektrum ohne Lücke,
der bunte, schillernde Bogen,
der ebenso schnell verflogen
und der uns für den Augenblick
erkennen lässt, dass unser Geschick
im Wechselspiel der Zeiten
die schönsten Wunder begleiten. (1994)

Luftige Leichtigkeit

Acryl auf Leinwand, 100 x 100 cm, 2016

Vermessenheit

Vor uns Unermesslichkeit.
Hinter uns Unermesslichkeit.
Und im kurzen Moment dazwischen
sind wir vom Glauben besessen
durch massloses Messen
angemessenes Glück zu erwischen. (2010)

Die Kunst des leichten Übergangs 2

Acryl und Sand auf Leinwand, 70 x 70 cm, 2015

Die Vertreibung der Ewigkeit

Im Dunkeln vereint
    da sprach die Zeit
        zu allen ihren Mannen:
"Lasst uns den Feind,
    die Ewigkeit,
        für immer von hier verbannen!
Sie nimmt uns allen
    mit jeder Sekunde
        ein Stück von unserer Macht:
Dem Mensch eingefallen
    zur stillen Stunde
        hat sie ihn zur Ruhe gebracht.
Er nimmt am Tage
    die Alltagslast
        nunmehr nur ganz gelassen
und gibt keine Klage
    und hat keine Hast
        und ist für uns nicht mehr zu fassen."
Die Gegenwart
    stand auf mit Mut:
        "Ich mache da nicht mit!".
Sie sprach derart,
    nahm ihren Hut
        und ging mit festem Schritt.
Die übrige Bande
    lauerte fies
        der edlen Ewigkeit auf.
Sie schlug, oh Schande,
    trat und stiess
        dieselbe mit Knüppel und Knauf.

In Qual und Schmerz
    entkam sie doch
        und floh der Gegenwart nach.
Die bot mit Herz
    ihr ein Schlupfloch
        unter ihrem Dach.
Seitdem wird sie nur
    von dem entdeckt,
        der sich vom Präsens lässt leiten:
Nicht im Futur
    hat sie sich versteckt
        noch in den vergangenen Zeiten! (1995)

Hoffnung

Öl auf Leinwand, 40 x 60 cm, 2015

Schöpfung

Will einer Inhalt entstehen lassen,
sollte er erst die Form dazu fassen.
Denn sieht man es nicht an den Töpfen?
Nur aus dem Hohlmass lässt sich schöpfen.
Wo hätte sonst Gott das Meer hingegossen?
Das wäre doch gleich schon am Anfang zerflossen. (1992)

Hinterm Horizont 2

Acryl auf Leinwand, 80 x 80 cm, 2016

Der Zeitdieb

Er schneidet keine Hosentaschen.
Ihn sieht man nicht nach Uhren haschen.
Er klaut am Bahnhof kein Gepäck.
Er fälscht in Banken keinen Scheck.
Er schleicht sich nachts in keine Villen,
sucht nicht Tresoren auf zu drillen.
Nicht Geld, nicht Schmuck noch Sammlerstücke
sind das Ziel all seiner Tücke.
Nein – ihn lockt, was man nur Freunden leiht:
Er lauert auf der anderen Zeit.
Fast unbemerkt an Warteschlangen
kann er geschickt nach vorn gelangen.
Genauso auch im Autostau
fährt er den Spurenwechsel schlau.
In jedem Ausverkaufsgedränge
entkommt er trickreich stets der Menge.
Die andern aber müssen warten
auf hundertfünfundzwanzig Arten.
Von ihm wird schnell das Wort geschnitten;
er lässt sich aber mehrmals bitten.
Was er wünscht, das wird forsch getrieben,
ansonsten muss man ihn anschieben.
Der andern Nachsicht und Geduld
sind ja der andern Pflicht und Schuld.
Er ist der Meister aller Diebe,
denn er durchschaut das Weltgetriebe
und fischt nach unserem höchsten Gut,
braucht weder Werkzeug, Kraft noch Mut,
denn kein Richter hat auf dieser Welt
jemals Zeitklau vor Gericht gestellt. (2008)

Meeresrausch

Acryl auf Leinwand, 100 x 100 cm, 2015

Glauben

Jeder glaubt an etwas,
niemand glaubt an nichts.
Mancher an Gesetz und Fatwas,
andre an die Macht des Lichts.
Sie glauben gerne an die Sterne,
an Shiva, Allah, Jahwe, Gott
oder an das Glück der Ferne
oder nur an Spass und Spott.
Sie glauben manchmal an das Gute,
an den schönen Augenblick,
an die Frucht vom eigenen Blute,
an Ruhm, an Glanz, an Charme und Chic.
Sie glauben, dass wir alles wissen,
dass ihr Kopf ihr Leben führt.
Sie glauben dem betörenden Bissen
oder nur an was man spürt.
Sie glauben Zahlen, Wert und Wort.
Sie glauben Wahlen, Schwert und Sport.
Sie glauben auch an den Gewinn,
an andere, wie dich und mich.
Sie glauben gar an Sein und Sinn
oder nur an selbst und sich.
Sie glauben an Vernunft und Technik
oder an das düstere Ende.
Sie glauben auch an Trug und Trick
oder an die grosse Wende.
Ob sie's glauben oder nicht:
Ohne Glauben wär kein Streben,
wär kein Tun, kein Recht, keine Pflicht.
Kurz gesagt: Glauben heisst Leben. (2009)

Die Gnade der Verwurzelung

Acryl auf Leinwand, 100 x 120 cm, 2014

Am Morgen

Ist gestern vergessen
und gestern vergeben,
wird morgen geplant
und auf morgen gehofft,
wird neu gemessen
entsteht neues Streben,
wird neu gezahnt
und neu gezofft.
Jeder Morgen eine Schöpfung,
die am Abend endet durch Köpfung.
Jeden Morgen das Ur neu knallt
und bis zum Abend von Neuem verhallt. (2009)

Leise Verheissung

Öl auf Leinwand, 40 x 60 cm, 2015

Jahreszeiten des Lebens

Aus warmem, mütterlichem Schoss
werden wir hilflos, nackt und bloss
in eine kalte und karge Welt
plötzlich schmerzhaft hinein gestellt.

Dann wächst jeder, erwacht und erwärmt
von bunter werdendem Leben,
treibt Knospen, blüht, verliebt sich und schwärmt,
derweil wir offen dem Sommer zustreben.

Der fliegt in satter Fülle herbei,
vom Leben mit Wärme und Vielfalt verwöhnt,
von einst schwarz-weissem Wintereinerlei
durch bunte, saftige Tage versöhnt.

Mild aber ermatten langsam die Farben,
schärfer auch der Wind schon weht,
wir ernten noch unter vielen Narben,
was wir dereinst unbedarft gesät.

Der grau-schwere Winter holt uns ein,
entblättert steh'n wir an kaltem Ort,
Erwartung verdorrt, geschrumpft und klein,
wenn uns die Kälte sanft trägt hinfort. (2009)

Im Gleichklang

Acryl auf Leinwand, 80 x 80 cm, 2015

Jung

Jung will man selbst den Dschungel stürmen,
eigne Wege neu entdecken,
auch wenn Hindernisse sich türmen
und Gefahren sich verstecken.

Jung stören nur die alten Pfade,
platt getrampelt durch die Väter,
ihnen zu folgen scheint zu fade,
das verschiebt man gern auf später.

Jung will man sich allein beweisen,
Pflanzen und Tiere stolz bezwingen,
auch wenn die Pfade sich nur kreisen
und noch nicht zum Innersten dringen.

Jung scheint die Zeit so unbegrenzt,
wie der Ort, den man ergründet,
weil der Dschungel glüht und glänzt
und von spannendem Leben kündet. (2010)

Inclusion

Collage mit Acryl auf Leinwand, 120 x 120 cm, 2014

Sphärenmusik

Ich wünscht', ich könnt' sie einmal hören,
die mystische Musik der Sphären,
das Schwingen der Sterne, Gesang von Planeten,
das Singen der Ferne, der Klang von Kometen.

Tönt es harmonisch, das ewige Spiel
Oder eher in schrill-schrägem Stil?
Ach hätt' ich all-umfassend ein Ohr,
empfing ich den Schall vom kosmischen Chor.

All unser Klagen, Schimpfen und Stöhnen,
all unser Jubeln in höchsten Tönen,
all unser lautes, menschliches Treiben
würde darin ein Schweigen bleiben. (2016)

Energierose

Acryl auf Leinwand, 55 x 70 cm, 2016

Marion Feldhaus (www.healing-art.me) ist seit 25 Jahren künstlerisch tätig. Zunächst gestaltete sie Räume, richtete Häuser ein und plante Gärten. Seit 2010 malt sie vor allem grossformatige Bilder in Acryl und Öl und stellt ihre Werke im Raum Basel aus. Die Künstlerin ist 1963 in Berchtesgaden/Bayern geboren, hat Theologie studiert und arbeitet als Supervisorin und Coach. Sie hat zwei erwachsene Kinder und lebt mit ihrem Mann in der Region Basel.

Jan D. Stechpalm veröffentlichte 2008 seinen ersten Gedichtband "Aus VersEhen" mit selbst illustrierten, humoristischen Gereimtheiten im Stile Wilhelm Busch und Christian Morgenstern. Dieser Verssammlung folgte 2011 die Erzählung "Odyssee durch Russland" über die Erlebnisse seines Vaters in russischer Gefangenschaft 1944-1949. Im Jahr 2014 wurde sein zweiter Gedichtband „Versiert serviert" veröffentlicht.  Jan D. Stechpalm, geboren 1966, wuchs in Leverkusen auf, studierte in Köln und Heidelberg und lebt heute mit seiner Familie in der Region Basel, wo er als Arzt tätig ist.